**Bibliografische Information der Deutschen Nationalbibliothek:**

Die Deutsche Bibliothek verzeichnet diese Publikation in der Deutschen Nationalbibliografie; detaillierte bibliografische Daten sind im Internet über http://dnb.d-nb.de/ abrufbar.



**Impressum:**


Druck und Bindung: Books on Demand GmbH, Norderstedt Germany
ISBN: 9783668750425

**Dieses Buch bei GRIN:**

https://www.grin.com/document/431648

**Michel Steffens**

# Mathematische Kompetenzen in der Kita erwerben. Projekte aus der Praxis

GRIN Verlag

Fliedner Fachhochschule Düsseldorf

WS 17/18

Studiengang: Bildung und Erziehung in der Kindheit
Seminar: Mathematische Bildung in Kita und Schule

# Mathematische Kompetenzen in der Kita erwerben

Die Welt erkennen und verstehen

Michel Steffens

Modulelement: BuE - 02506
Abgabetermin: 02.03.2018

# Inhaltsverzeichnis

# 1 Einleitung

Wie ist die Welt aufgebaut? Wie erkenne ich zusammenhänge? Benötige ich das für meine Zukunft? Wie kann ich das sinnvoll anwenden? – Fragen, die nicht nur Erwachsene, sondern auch Kinder beschäftigen.

Bereits im Vorschulalter stellen Kinder solche oder ähnliche Fragen und möchten die Welt mit allen Phänomenen verstehen. Fragen, die zum Teil auch Erwachsene oder Fachkräfte vor ein Rätsel stellt. Die korrekte Antwort auf alle Fragen ist nicht immer von nutzen, viel mehr der Weg zur Beantwortung dieser Fragen ist von Bedeutung und sollte primär von den Fragenstellern, den Kinder selbst ausgehen. Lösungswege vorzugeben oder Fragen einfach zu beantworten scheint eine logische Möglichkeit zu sein, ist in vielerlei Hinsicht aber nicht schlau.

Gerade im Bereich der Mathematik werden während der Schullaufbahn viele Lösungen vorgegeben und der Weg dahin ist gefragt. Aber gerade dieser Weg, ist für viele Kinder eine Hürde, da sie nie wirklich vor ein Problem gestellt wurden oder das Ergebnis zweitrangig war. Nicht zuletzt haben laut der Stiftung Rechnen immer mehr Schüler Bauchschmerzen, wenn eine Mathematik Klausur ansteht. Laut einer repräsentativen Studie mit einer Stichprobe von mehr als 1370 Schülern in allen Schulformen ab der Klassenstufe Fünf, gaben über 35 Prozent der Schüler an, Angst vor Mathematik zu haben (vgl. Stiftung Rechnen: „Rechnen in Deutschland“ 2009).

Jedes dritte Kind hat Angst vor Mathematik und vor Zahlen, diese Angst wirkt sich auf die Rechenleistung aus und ein Kreis aus Zahlen und Angst bildet sich. Viele Kinder werden aufgrund ihrer vermeintlichen Schwäche mit Misserfolg, vor allem durch die Notengebung konfrontiert. Durch jene Misserfolge festigt sich bei den betroffenen Kindern eine negative Einstellung gegenüber der Mathematik und erwarten keine Erfolgserlebnisse mehr (Vgl. Born 2009, S. 58).

Wie kann bereits im Elementarbereich dieser Angst gegenüber den Zahlen und der Mathematik im Ganzen entgegengewirkt werden - und den Kindern den Umgang mit Formen, Mustern und Zahlen beigebracht, ergänzend als spaßige Lernmethode vermittelt werden?

Um dieser Frage nachzugehen beginnt diese Arbeit, nach der Einleitung als zweites Kapitel, mit den Wurzeln der spielenden Mathematik und einem kleinen Einblick in das Leben des Erfinders der Kindergartenform und seinen kreierten Materialien sowie der mathematische Bezug der Spielgaben und Beschäftigungsmittel, in den Unterpunkten des zweiten Kapitels.

Nach diesem, wandert der Blick im dritten Kapitel zunächst auf die Vorgaben und Ziele des Landes Nordrhein-Westfalen und dessen Ausarbeitung zum Thema Bildungsziele für Kinder im Alter von 0 – 10 Jahren und im Besonderen die Inhaltsbereiche der mathematischen Bildung.

Anschließend wird im vierten Kapitel die mathematische Lernkultur im Elementarbereich in nahezu allen Belangen durchleuchtet und beginnt im ersten Unterpunkt mit der generellen frühkindlichen Bildung um daraufhin konkrete mathematische Inhaltsbereiche unter die Lupe nehmen zu können. Zu diesen Bereichen gehören in weiteren Unterpunkten sowohl der Aspekt des Raumes und der Formen, das große Themengebiet der Zahl, als auch das messen und wiegen von Größen und gewichten. Da der Lernbereich der Mathematik bereits aufbauend an vorherige Inhaltsbereiche geknüpft ist, spielen im letzten Unterpunkt des vierten Kapitels der sprachliche Ausdruck und die Verbindung zur Mathematik eine wichtige Rolle.

Der stetige Begleiter und Helfer der Kinder und die damit verbundene Rolle, des Pädagogen, der Fachkraft oder auch die der Eltern, verlangt im fünften Kapitel diverse Anhaltspunkte ab, an die es sich richten gilt, um eine optimale Stütze durch das Feld der Zahlen und Formen gewährleisten zu können.

Im sechsten und letzten Kapitel dieser Hausarbeit und des Ratgebers, werden Schritt für Schritt, Anleitungen und Anwendungsbeispiele für Methoden, Projekte und Alltägliche Möglichkeiten wiedergegeben, um während des KiTa – Alltags für ein optimales Lernumfeld mit passenden Inhalten gerüstet zu sein.

Das Fazit und ein Ausblick auf zukünftige Möglichkeiten im Inhaltsbereich der Mathematik des Elementarbereiches komplettieren die Arbeit.

## 2 Friedrich Fröbel

Der Gründervater und Erfinder des noch heute bestehenden Begriffes und die damit verbundene Einrichtung des Kindergartens war Friedrich Wilhelm August Fröbel. 1782 in Thüringen geboren und im Alter von 70 Jahren im Schloss Marientahl gestorben, prägte Fröbel nicht nur zu Lebzeiten die Pädagogik in Deutschland, sondern auch über seinen Tod hinaus weltweit.

Für Fröbel war Gott der Urgrund allen Seins und somit auch aller Menschenerziehung. Jeder Mensch hat Göttliches in sich und diese Göttlichkeit zu gestalten ist die Lebensaufgabe eines jeden. Diese Gestaltung und die gesunde Entwicklung des von

Grund auf guten Menschen sollen laut Fröbel auch und besonders durch das kindliche Spielen erzielt werden (Vgl. Berger 2007).

*„Spielen, Spiel ist die höchste Stufe der Kindesentwicklung, der Menschenentwicklung dieser Zeit; denn es ist freitätige Darstellung des Inneren, die Darstellung des Inneren aus Notwendigkeit und Bedürfnis des Inneren selbst, was auch das Wort Spiel selbst sagt"* (zit. Lange 1863 n. Berger 2007, S. 2).

Fröbels Aufforderung an die Eltern, das Spiel nicht als „Spielerei" sondern als Nährboden für kindliche Entwicklung anzusehen beruhte darauf, dass das als Kind verlorene Spiel, im späteren Verlauf des Lebens nicht mehr zu ersetzen ist und ewig verloren bleibt. Die Pflege des Kinderlebens sollte durch Spiele und Spielweisen erfolgen. Aus diesen Ansätzen heraus entwickelte Fröbel eigene Spielmittel, Spielgaben und Beschäftigungs- oder Bildungsmittel, welche bis heute genutzt, erweitert und bespielt werden.

## 2.1 Spielgaben und Beschäftigungsmittel

Das Kind soll anschauen, begreifen, sprechen, arbeiten, erkennen und das erlebte verbinden. Die Spielgaben bestehen aus den Grundformen der Kugel, der Walze und des Würfels und werden anfänglich als ganze Formen zum Spielen genutzt.

Kleinere Kinder erhalten zunächst einfache und handliche Spielgaben um mit dem Alter an Interesse, sowie Verstand und Mut zu wachsen um ebenso vielfältige Spielmittel empfangen zu können. *„Da das Kind ein mannigfaltig angelegtes Wesen ist, so müssen die von außen kommenden Anregungen und Eindrücke auch mannigfaltiger Art sein, damit jede Seite berührt werden kann. Die von außen gebotenen Mittel sind die Stützpunkte, an denen sich des Kindes Geist emporrichtet und durch die es von der konkreten Welt in die geistige gelangt. Die Spielstoffe sind gleichsam die Sprossen einer Leiter, auf denen das Kind in die steigt, um von Stufe zu Stufe einen höheren Beobachtungs- und Anschauungskreis zu gewinnen…"* (zit. Heerwart 1901 n. Boldt 2003, S. 106).

Die Kinder sind laut Fröbel von Beginn an in einer Art Zyklus, viel mehr aber in einem Prozess integriert, der dazu führen soll, dass das Kind mit dem Ball beginnt die äußere Umwelt zu begreifen und im späteren Verlauf durch vielfältige Schritte zur Herstellung eines Balles in Form einer Ton Kugel zu gelangen und in herannahender Zeit, eigene Spielgaben zu errichten und indessen Schöpfer zu werden (Vgl. Boldt 2003).

Bis heute haben sich Fröbels Spielgaben und Beschäftigungsmittel in vielen Einrichtungen und Haushalten etabliert und werden in das kindliche Spiel eingebunden. Einige Beispiele sind:

Abb. 1: Fröbels Spielgabe 3

Fröbels Spielgabe 3 ist ein Baukasten, bestehend aus 8 Holzbausteinen mit einer Kantenlänge von 2,5 cm. Die unterschiedlichen Bauformen und Legemöglichkeiten teilt Fröbel in folgende Kategorien ein:

- Schönheitsformen
- Lebensformen
- Erkenntnisformen

und aus diesen Kategorien können unterschiedliche Gebilde entstehen. Eine weitere Spielgabe, die mit der Nummer 7 ist folgende:

Abb. 2: Fröbels Spielgab

Die geometrischen Formen bei Spielgabe 7 sind im Vergleich zu Spielgabe 3 in Form von Plättchen und werden bunt angefertigt. Aufgefächert in verschiedene Unterformen gibt es sowohl Legekästen mit Rechtecken und Trapezen, aber auch mit Kreisen und oder Halbkreisen. Kinder können hiermit Mandalas oder Bilder legen und sich an den unterschiedlichen Formen in den Regenbogenfarben bedienen.

## 2.2 Mathematischer Bezug

Sowohl die Spielgaben und das Beschäftigungsmaterial, als auch der Grundgedanke und das Bild des Kindes nach Fröbel beruhen auf naturwissenschaftlich-mathematischer Basis und finden sich in allen Bereichen wieder. Die Spielgaben stellen mathematische Grundformen dar und können variabel zu weiteren Formen gestaltet werden.

Der oben genannte Zyklus auf den die von Fröbel entworfenen Spielgaben und Beschäftigungsmaterialien abzielen, begleiten das Kind in allen Bereichen mit und für die Mathematik und das daraus entstehende Verständnis über den Bezug zur Natur und die Umwelt.

# 3 Bildungsgrundsätze Nordrhein-Westfalen

Dass das Thema Mathematik nicht nur seit dem 18. Jahrhundert und darüber hinaus, sondern auch Heute immer noch ein wichtiger Bestandteil der kindlichen Entwicklung ist, spiegelt sich in den Bildungsgrundsätzen des Landes Nordrhein-Westfalen aus dem Jahr 2016 wieder.

Das Ministerium für Familie, Kinder, Jugend, Kultur und Sport des Landes Nordrhein-Westfalen fasste am 12. Februar 2016 die zehn Bildungsbereiche in einer Broschüre zusammen und veröffentlichte diese mit Informationen, Themenfeldern und Bildungsmöglichkeiten zu den einzelnen Bereichen. Darunter auch der Bildungsbereich der mathematischen Bildung für Kinder im Alter von 0 – 10 Jahren.

Die Leitidee hinter dem Bildungsgrundsatz ist, dass Kinder Mathematik erleben und in für sie Interessante Zusammenhänge bringen und durch gemeinsames Experimentieren, Forschen und Entdecken eigene Wege finden, ihre Umwelt zu mathematisieren und Probleme zu lösen. Ausgehend von konkreten Erfahrungen gelangen sie über praktisches Handeln zum abstrakten und entwickeln ein gewisses Grundverständnis. Hierbei sind die Lösungsvorschläge wertvoll und von Bedeutung und keinesfalls falsch, im Gegenteil können Irrtümer konstruktiv genutzt werden um das Problem zu lösen.

Wie auch zu Fröbels Zeiten, sind die Bildungsmöglichkeiten genauso einfach wie genial und können durch einfache Materialien angewandt werden. So wird hier beschrieben, dass Kinder durch Bodenfliesen, Steine oder Ornamente einfache Muster legen können. Die Uhr, der Kalender oder ein Regal bieten alles um verschiedene Ordnungssysteme zu entwickeln und Strukturen zu entdecken. Außerdem bieten auch hier die geometrischen Grundformen einen wichtigen Aspekt im Bereich der Bildungsmöglichkeit und verschafft durch die vielfältigen Eigenschaften einen optimalen Blick auf die Umwelt (vgl. Bildungsgrundsätze NRW 2016 S. 114 ff).

# 4 Mathematische Lernkultur im Elementarbereich

Kinder im Kindergartenalter haben eine hohe Auffassungsgabe und lernen beinahe jeden Tag etwas Neues über sich und die Welt die sie umgibt. Dieser stetig anhaltende Prozess umfasst viele Kernbereiche und die daraus resultierenden Kompetenzen die erworben werden können.

Ein überaus wichtiger Bereich ist der der Mathematik. Bei dieser besonderen Form der Bildung geht es keineswegs darum, den Kindern schon vor dem Schuleintritt das Rechnen oder die Zahlen beizubringen, sondern viel mehr um den Erwerb mathematischer Basiskompetenzen. Diese Basis bildet ein stabiles Fundament, auf dem im weiteren Verlauf der Bildungskarriere neue Mathematik Bausteine optimalen halt finden um weitere Räume zu schaffen (Vgl. Fuchs 2015, S. 29).

## 4.1 Frühkindliche Bildung

Die Symbolik der bereits erwähnten Bausteine geht aus vielen unterschiedlichen mathematischen Möglichkeiten hervor und umfasst in der frühkindlichen Entwicklung und Bildung unter anderem folgende Punkte:

- Zählen und Abzählen
- Vergleichen, Sortieren und Ordnen
- Reihenfolgen bilden
- Entdecken von Zahlen in der Umwelt
- Räumliche Orientierung
- Erkennen von Mustern und Strukturen

und viele weitere Möglichkeiten mathematische Kompetenzen zu erwerben. Die Bedeutung der Mathematik besteht hierbei darin, die Welt auf eine Art und Weise zu erfassen, um sie gegenwärtig bestmöglich zu verstehen und die künftigen Anforderungen des Lebens zu bewältigen. Kinder die ihre Stärke des logischen Denkvermögens erkennen und Vorgänge in ihrer Alltagswelt mit mathematischen Erfahrungen verknüpfen, erzielen bestmögliche Kompetenzen der mathematischen Bildung. Wichtig ist, den Kindern überhaupt erst die Möglichkeit des Nachdenkens zu geben und sie dabei zu unterstützen. Dies gelingt erstens, durch das benennen eines Problems, zweitens das Erfragen von Zusammenhängen und drittens, dass Kinder mit den unterschiedlichen Situationen konfrontiert werden, die bislang außer Acht gelassen wurden.

Damit Kinder mathematische Kompetenzen erwerben und entwickeln können, benötigt es nicht nur das lernwillige Kind sondern auch eine professionelle Fachkraft, die Situationen schafft und das Kind zum Nachdenken anregt. Darüber hinaus ein optimales Lernumfeld, welches sich durch gehaltvolle Aktivitäten und Interaktionsmöglichkeiten auszeichnet, um ein mathematisches Problem zu lösen um die Welt zu erkennen und sie zu verstehen (Vgl. Fuchs 2015, S. 29 ff).

„*Mathematik ist kein statisch abgeschlossenes System von Definitionen, Formeln und Beweisen, sondern eine sich dynamisch entwickelnde Wissenschaft, in der Problemlöseprozesse, ein thematisches Tätigsein und entdeckendes Lernen eine wesentliche Rolle einnehmen*" (Fuchs 2015, S. 30). Rechnen und Zählen sind demnach mehr als nur eine Beschäftigung. Die Mathematik dahinter fasst nicht nur Inhaltsbereiche, sondern gleichzeitig auch Prozessziele mit ein und bildet ein komplexes und ganzheitliches Verständnis von Mathematik im Kindergarten aus (Vgl. Fuchs 2015, S. 30).

## 4.2 Mathematische Inhaltsbereiche

Fundamentale Ideen der Mathematik prägen die Vielfalt der mathematischen Inhaltsbereiche bereits im Kindergarten, reichen allerdings auch bis in den Übergang zur Grundschule und verknüpfen unter anderem die Idee der räumlichen Strukturierung, der Form und Symmetrie, die Idee der Zahl, Größen und Messen oder Zufall und Wahrscheinlichkeiten (vgl. Fuchs 2015, S. 39).

Um diesen Anforderungen gerecht zu werden und optimale Lernsituationen zu schaffen bedarf es an gewissen Anleitungen durch den Pädagogen, obwohl sich die Kinder Fragen, Lösungen und Wege dahin selbst erschließen sollen. Eine perfekte Vorgabe gibt es nicht, dafür aber eine Orientierung die den Entdeckerprozess der Kinder in Gang setzt und auch für Pädagogen von Vorteil ist. Hierfür werden zunächst ein fester Raum und Zeit benötigt. Auch die Gestaltung des Raumes und die korrekte Fragestellung des Erziehers sind von großer Bedeutung (Vgl. Lorenz 2012, S. 112ff.).

Wie komplex und Umfangreich die unterschiedlichen Inhaltsbereiche sind, wird im folgenden Abschnitt demonstriert und verschiedene Anwendungsmöglichkeiten symbolisch dargestellt.

### 4.2.1 Raum und Form

Um im späteren Verlauf des Lernens und Begreifens von mathematischen Zusammenhängen in allen Bereichen des Lebens, konkrete Beziehungen verstehen zu können, ist das geometrische und arithmetische Denken unvorstellbar wichtig. „*Geometrische Erfahrungen sind eine wichtige Voraussetzung des Denkens, denn jedes Denken bedient sich visueller, d.h. geometrisches Stützen*" (zit. Eichler 2007 n. Fuchs 2015, S. 39).

Aus zunächst einfachen Legeplättchen Aufgaben, gelingt dann der Transfer zu unterschiedlichen Rechenaufgaben z.B. aus fünfmal zwei roten Kreisen wird später 5 * 2 = 10. Weitere Erfahrungsfelder innerhalb des geometrischen Inhaltsbereiches sind auch die Lagebeziehungen, Räumlichkeiten von Objekten oder verschiedene Ebenen. Auch die Symmetrie ist ein bedeutender Faktor und trägt dazu bei, dass Kinder zahlreiche Einsichten gewinnen können. Der eigene Körper im Bezug zum Raum oder während des Bauens von Gebilden ist in diesem Kontext nur ein Beispiel (vgl. Fuchs 2015, S. 39).

Der erste Kontakt zu geometrischen Formen vertieft nach und nach das Verständnis zu Raum und Form. Sie erfahren, dass verschiedene Positionen des eigenen Körpers und von Objekten im Raum zu unterschiedlichen Perspektiven führen. Gelingt diese Sichtweise auf die Form entstehen eigene, neue Bau- oder Lagepläne und etwas Neues entsteht z.B. wie im folgenden Bild eines Projektes zur Geometrie in der Natur, wurde hier zunächst festgestellt und beobachtet, welche Formen dazugehören:



Abb. 3: Geometrische Körper

Diese Form der Geometrie und daraus entstehende Basiskompetenzen können zudem auch durch diese Punkte erfolgen (vgl. Fuchs 2015, S. 40ff.):

- Erfahrungen und Einsichten zur Anwendung geometrischer Objekte
- Geometrische Objekte und deren Eigenschaften
- Räumliche Objekte untersuchen und Bestandteile erfassen
- Reale Objekte in Abbildungen wiedererkennen
- Lagebeziehungen am eigenen Körper erfassen

Der Inhaltsbereich Raum und Form dient nicht nur dazu, den direkten Draht zur mathematischen Bildung zu erlangen, sondern eröffnet des Weiteren auch Querverbindungen zu anderen Bildungsbereichen. Kompetenzen aus dem Bereich Technik werden besonders angesprochen und während des Bauens von Konstruktionen durch Stabilität gefördert. Weitere Bereiche sind auch Naturwissenschaften, Medien, Musik oder Gesundheit und Ernährung. Diese besondere Form der Mathematik findet sich in nahezu allen Bereichen des Alltags wieder und ist daher wie eingangs erwähnt von großer Bedeutung, sie bildet das Fundament (vgl. Fthenakis 2009, S. 121).

### 4.2.2 Zahlen

Alles was uns Menschen umgibt hat, eine indirekte oder direkte Verbindung zur Zahl. Diese Zahlen begegnen gerade Kindern nicht nur im KiTa - Alltag, sondern auch beim Einkaufen, auf dem Kalender oder der Uhr. Sie können diese Zahl nicht immer oder noch nicht exakt deuten, wissen aber, dass die Zahl ein stetiger Begleiter ist und von Bedeutung sein muss. Kinder können schon früh ihr Alter angeben und sind stolz darauf diese Information mit anderen zu teilen. Die Kinder erfahren durch unterschiedliche Aktivitäten was mit der Zahl alles möglich ist. Dazu gehören:

- Das klassische Zählen
- Zahlen als Ordnungszahlen verwenden
- Die Anzahl einer Menge
- Das Rechnen mit Zahlen
- Zahlen können benannt und notiert werden

Hierbei ist zu beachten, das Zahlen nicht gleich Zahlen sind, so unterscheidet man in der Didaktik in sechs verschiedenen Aspekten von Zahlen. Drei Beispiele sind unter anderem der Kardinalsaspekt der die Menge oder die Anzahl von Elementen beschreibt z.B. 3 Äpfel. Der Maßzahlaspekt dient, wie der Name schon verrät, zum Messen von Größen in Bezug zu einer Größeneinheit z.B. „Der Raum ist 3 Meter lang“. Außerdem werden Zahlen zum Rechnen genutzt und in den Rechenzahlaspekt untergeordnet. Alle Aspekte stehen in einer wichtigen Beziehung zueinander, auch wenn sie sich nicht immer sofort zuzuordnen lassen, ist es wichtig, dass Kinder die Möglichkeit haben, Zahlen entsprechend den Zahlaspekten in unterschiedlichen Kontexten zu nutzen (Vgl. Fuchs 2015, S. 43ff.).

Um den Kindern die Angst vor den Zahlen zu nehmen und den Umgang mit Zahlen zu erleichtern gibt es ein Begriffsnetz bei dem sich erkennen lässt, was das Kind denkt oder denken möchte und welche Schlüsselfragen daraus entstehen können um einen Anreiz zu setzen. Mögliche Fragen zu möglichen Situationen wären (vgl. Lorenz 2012, S. 152):

| Schlüssel-begriffe | Sprachliche Begriffe | Aktivitäts-beispiele | Beobachtung/ Beurteilung | Schlüsselfragen |
|---|---|---|---|---|
| Sprache verwenden für Quantitäten und Vergleiche | Mehr, weniger, genauso viele, verschieden, genug, nicht genug, zu viele, fast genauso viele Zählen: (null), eins, zwei, drei | Quantitätsvergleiche bei Bauklötzen; zählen von Früchten, wegnehmen, hinzufügen | Antwortet angemessen auf die Mengen- und Zahlbegriffe Benutzt sie selbst im Spielkontext | Haben wir genug? Wieso bist du sicher, dass du sie alle gezählt hast? Wer hat mehr/ weniger? Was wäre, wenn ich einen mehr/weniger hätte? |
| Ständiges Aufsagen der Zahlwortreihe | Von eins bis zehn (und weiter) zählen | Lieder/Rhythmen mit Zahlen, Objekte zählen | Sagt die Zahlwortreihe auf bis fünf, zehn, über zehn hinaus | Warum müssen wir die Zahlennamen in dieser Reihenfolge aufsagen? Was wäre, wenn wir nicht bei eins anfangen würden? Wie kannst du sicher sein, dass du alle Zahlen aufgesagt hast? |

Abb. 4: Zählen

### 4.2.3 Größen und Messen

Der direkte Vergleich zwischen Kindern in Bezug auf die Größe oder andere alltägliche Situationen spielt eine besondere Rolle und motiviert Kinder auch im Umgang mit diesen Erfahrungsfeldern. Durch anregende Beispiele werden die Kinder zum Sammeln von Erfahrungen, willkürlich nominiert und tun dies unbewusst aber immer mit dem Drang besser zu sein, größer zu sein und mehr zu besitzen. Diese Prozesse leisten einen entscheidenden Beitrag zur Förderung von Vorstellungen in Größe oder Masse. Wichtig ist, dass die Kinder erste Konzepte zum Vergleichen erwerben, diese zu unterstützen gelingt durch (vgl. Fuchs 2015, S. 50f.):

- Weitsprungwettbewerb in Spielsituation einbauen
- Direkter Vergleich von zwei Kindern
- Ausmessen des Gruppenraumes durch Schritte oder Meterstab
- Invarianz eines Gegenstandes erkennen
- Schätzspiele (Was ist schwerer Kleiderbügelwaage Abb.5)

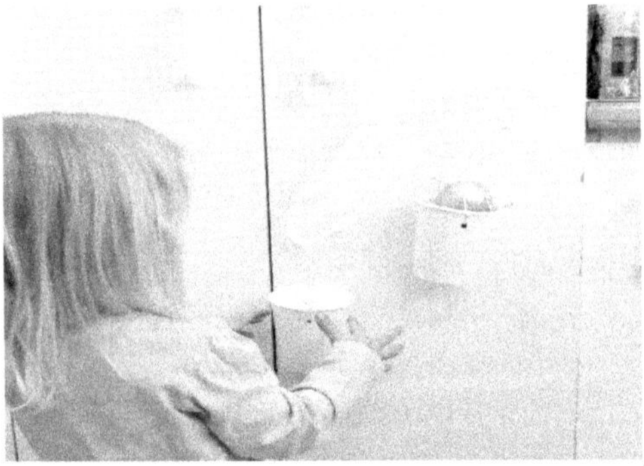

Abb. 5: Wiegen

Auch hier zeigt sich, dass das Erfahrungsfeld des Vergleichens oder des Messens ohne die oben genannten Zahlen nicht auskommt und die Kinder den ersten Bezug zur Zahl auch weiterhin brauchen. Ein wichtiger Faktor und eine gute Einheit um zu messen, ist das Geld. Gerade in einem so wirtschaftlich geprägten Land wie Deutschland kommt ein Kind kaum um die Währung herum und erlebt sowohl Eltern beim Einkaufen, als auch den Wert des Geldes durch eigenes Taschengeld oder Supermarkt-Spielläden. Hierbei ist weniger wichtig, wie genau der Wert einer 2€ Münze tatsächlich ist. Von Bedeutung ist viel mehr der Umgang mit dem Zahlungsmittel.

Gleichermaßen wichtig, aber wesentlich komplexer ist der Faktor des Gewichtes. Selbst Erwachsene haben das Problem, Gewichte korrekt zu schätzen, da diese Form des Transfers schwer zugänglich ist. Kinder erfahren allerdings qualitative Unterschiede was schwer oder leicht ist und wiegen mit den Händen oder wie oben auf der Abb.5 zusehen mit selbst hergestellten Waagen im direkten Vergleich ab. Die direkte Verbindung zu einer Aktivität oder einer Alltagssituation ist an dieser Stelle das Backen oder Kochen. Der Erwachsene gibt Maßeinheiten vor und das Kind kann Gewicht und Menge abschätzen und erfährt nebenbei Kilogrammangaben (vgl. Lorenz 2012, S. 143).

Unterschiedliche Dimensionen rufen unterschiedliche Beispiele für Größenangaben hervor. So auch der Unterschied zwischen Höhe und einer Fläche. Kinder können hier den Gruppenraum erkunden und die Bodenfläche des Bauteppichs schätzen. *„Im KiTa-Alltag haben Kinder hinreichend Gelegenheit, Erfahrungen mit Flächen und Rauminhalten zu sammeln. Sie vergleichen, welcher Blatt größer ist, indem sie die beiden Papierstück aufeinander legen, in welchem Glas mehr Wasser ist, indem sie höhen vergleichen"* (Lorenz 2012, S. 144).

## 4.3 Sprachlicher Ausdruck

Nicht nur das Verständnis für Zahlen, Größeneinheiten oder Formen wird durch mathematische Bildungsbereiche gefördert und verschiedene Kompetenzen werden erworben, denn *„Die Stärkung der sprachlichen Ausdrucksfähigkeit bildet den Dreh- und Angelpunkt der frühen mathematischen Bildung: Kinder im Alter vor der Einschulung formulieren ihre mathematischen Ideen in erster Linie alltagsprachlich, sie begleiten ihre Tätigkeiten und Problemlöseversuche häufig mit „lautem Denken" und tauschen sich sprachlich mit anderen über Ihre Ideen aus"* (Fthenakis 2015, S. 93). Lösungsideen werden verglichen und konkrete Erfahrungen abstrahiert. Eine Stärkung mathematischer Kompetenzen bedeutet also auch immer eine Stärkung sprachlicher Kompetenzen. Diese Wechselwirkung befähigt Kinder, ihre Ergebnisse zu teilen und zusätzlich das genaue Beschreiben des Sachverhaltes und die Freude an der Kommunikation (vgl. Fthenakis 2015, S. 94).

Der sprachliche Ausdruck in Verbindung mit mathematischer Bildung kann durch einige Beispiele gefördert und gestärkt werden. Hierfür eignen sich folgende Situationen:

- Herstellung von eigenen Produkten oder Mustern durch z.B. Kartoffel-Druck und die Benennung der Besonderheit des eigenes Entwurfes
- Schildern der Lösungswege von Problemen beim errichten von Gebäuden und Funktionserläuterung der Anbauteile
- Genaue Beschreibung von Fundstücken aus der Natur und Bezug zu zahlen, Formen und Mustern

Zu beachten ist hier, die Kinder nicht Zwanghaft zu bedrängen um Antworten zu erhalten und stets Interesse an den Vorschlägen und Gebilden zu zeigen und das Ergebnis nicht abzuwerten oder das Kind umgehend zu korrigieren, sobald es sich beim Auf- oder Abzählen verspricht. Die direkte Beziehung zwischen Mathematik, im Besonderen des Zählens und die damit verbundene Sprache setzt sich hier weiter fort, denn „*Die Fähigkeit, Mengen abzuzählen, entwickelt sich in den ersten fünf Lebensjahren, wobei verschiedene Kompetenzstufen in der Entwicklung unterscheidbar sind. Die Zahlenreihe aufzusagen ist eine erste Stufe, die Fertigkeit des Vorwärts- und Rückwärtszählens wird flexibler und flüssiger…*“ ( Lorenz 2012, S. 46).

# 5 Rolle des Pädagogen

Mit den Jahren fand und findet immer noch, ein Rollenwechsel der pädagogischen Fachkraft statt. Bis vor wenigen Jahren wurden die Erzieher als Wissensvermittler angesehen und als eine Person, die den Kindern innerhalb der Einrichtung Grenzen aufzeigt um sie nicht zu sehr abzudriften zu lassen. Die eigene Reflexion des Handelns blieb dabei auf der Strecke und berief durchgeführte Aktionen auf Erfahrungen der Zeit. Eine Kind orientierte Pädagogik sieht allerdings anders aus und bedarf an mehr Initiative. Ziel ist es nicht nur Vermittler, sondern vor allem ein Begleiter des Lernens zu werden und dem Kind eine Form der Unterstützung anzubieten und das in nahezu allen Lebensfragen (vgl. Fuchs 2015, S. 62). Erst durch eine gefestigte „*Fachkraft-Kind-Beziehung, in welcher das Kind sich angenommen und wertgeschätzt fühlt, so wie es ist, kann es die Welt entdecken*“ (Fuchs 2015, S. 62).

Kinder benötigen Raum und Zeit um sich zu entfalten, ihnen dabei dennoch Grenzen zu setzen ist sogar gewollt, allerdings nicht in Form von verboten, sondern durch gezielte Herausforderungen an denen die Kinder lernen und Ausdauer sowie Durchhaltevermögen entwickeln können. Erst verlässliche Strukturen und Rituale innerhalb des KiTa-Alltags ermöglichen diese Form des Kompetenzerwerbs in verschiedenen Bildungsbereichen.

Lernbegleiter sollen vorrangig als sicherer Hafen im Bereich der mathematischen Bildung funktionieren. Der Pädagoge sollte optimale Bedingungen schaffen um mathematische Bildungsprozesse in Gang zu setzen, aber auch vor Ort zu sein, um beratend tätig werden zu können und darüber hinaus zu Beobachten und zu Dokumentieren. Wichtig hierbei ist, nicht im Vordergrund zu stehen, sondern wirklich nur beratend zu agieren (vgl. Fuchs 2015, S. 63).

Die Umsetzung und Gestaltung von mathematischen Erfahrungen im KiTa-Alltag stellen für viele ein, eigentlich nicht vorhandenes Problem dar und oftmals wird argumentiert, dass zu wenig Personal zur Verfügung stehen würde, oder finanzielle Mittel fehlen um mathematische Bildung für alle anbieten zu können. Dass diese Faktoren nicht zwingend korrekt sind und es auch einfache Methoden gibt um diese Form der Bildung zu erreichen zeigen folgende Anwendungsbeispiele (vgl. Fuchs 2015, S. 64):

- Während des kindlichen Spiels, mathematische Momente fühlen und erweitern
- Alltagssituationen und das Spiel begleiten um diese für mathematische Auseinandersetzungen mit der Welt zu nutzen
- Beobachtungen und Dokumentationen verwenden, um Lernanlässe gestalten zu können
- Individuelle Kompetenzen der Kinder einschätzen können
- Äußerungen von Kindern und deren Inhalte nutzen
- Mit Kindern über mathematische Prozesse diskutieren und sie aktiv an einem Diskurs teilnehmen lassen
- Diverse Materialien auswählen und kritisch mathematisch bewerten lassen

Neben diesen wenigen Punkten, gibt es viele weitere Anwendungsbeispiele, wie mathematische Bildung, einfach und effektiv innerhalb der Gruppe und des Alltagsgeschehens stattfinden kann, ohne Unsummen von ohnehin kleinen Töpfen in Anspruch zu nehmen und wochenlang im Voraus geplante Aktionen durchzuführen (vgl. Fuchs 2015, S. 65).

Sollte dennoch ein Projekt geplant werden und die Vorbereitungen verlangen mehr als alltägliche Impulse, um mehrere Tage am Stück mathematische Bildungsprozesse zu bewirken, werden einige Beispiele in Kapitel 6: Projekte aus der Praxis vorgestellt und Anleitungen zum nachmachen beigefügt.

Die fachlich korrekte Rolle des Pädagogen und der Blick für das mathematische in dem Spiel des Kindes oder verschiedener Handlungen sind von Bedeutung und sollten gegeben sein. Gleiches gilt für Eltern und Erwachsene, die keinen fachlichen Bezug zu Bildungsbereichen und Inhalten haben. Dennoch ist es auch diesen Personen möglich einen Rahmen zu gestalten indem mathematische Bildung funktioniert. Die Balance zwischen Möglichkeiten, Leistungsdruck und medialen Reizen fällt vielen Eltern schwer und sie fluten Kinder, in besten Absichten, mit einem Pool an Nachmittagsaktionen. Konzentrieren sollten sie sich auf qualitativ wertige Aktivitäten die noch Luft nach oben lassen um Lernprozesse zugänglich zu machen. Ebenso zu vermeiden gilt es, die Mathematik und alles was dazu gehört schlecht zu machen und eigene Defizite Außen vor stehen zu lassen, um den Kindern den Spaß nicht zu nehmen oder gar Angst zu schüren (Vgl. Fuchs 2015, S. 65).

# 6 Projekte aus der Praxis

Projekte im Elementarbereich sind nicht nur zu den vier Jahreszeiten oder den bekannten Festen eine Methode um über einen längeren Zeitraum, unterschiedliche Ansätze und Bildungsbereiche abzudecken und den Kindern eine spaßige Alternative zum regulären Betrieb zu ermöglichen. Auch spezielle Inhaltsbereiche können und sollten Einzug in die Projektmethode und den Aufbau erhalten um Lern- und Entwicklungsprozesse mit den Kindern gemeinsam und entsprechend ihrer Bedürfnisse und Interessen nachgehen zu können (vgl. Fthenakis 2009, S. 142).

*„Das Arbeiten in Projekten besteht dabei nicht aus isolierten Angeboten, sondern aufeinander aufbauende und abgestimmte Aktivitäten, die auf die Stärkung kognitiver, sprachlicher, motorischer und sozial-emotionaler Kompetenzen der Kinder ausgerichtet sind. Bei der Projektarbeit steht nicht das Endergebnis im Vordergrund, sondern vor allem der Prozess auf dem Weg zu diesem Ergebnis“* (Fthenakis 2009, S. 142).

Gegenstand des Prozesses ist nicht nur der Inhalt des Projektes, sondern auch immer das Lernen selbst und die Erweiterung der eigenen und individuellen Kompetenzen.

## 6.1 Planung und Durchführung

Um ein Projekt nach der Findung des Themas vorbereiten zu können, bedarf es einige Punkte abzuarbeiten. Dazu gehört die Überlegung der Struktur, des Inhaltes und welcher Lernprozess erzielt werden soll.

In diesem Beispiel geht es primär um das Bildungsziel der mathematischen Bildung. Themengebiete und Alltagsfragen können sich aus den Fragen der Kinder ergeben oder werden inspiriert durch unterschiedliche Handlungen z.B. das erforschen von Mustern und Formen der Natur im Außenbereich des Geländes der Einrichtung.

Diese Struktur ist von großer Bedeutung da das ko-konstruktive Herausarbeiten eine wichtige Zielsetzung des Projektes ist, da die Kinder einen erweiterten Zusammenhang erfassen und die Projektergebnisse sinnbehaftet miteinander verknüpfen können (vgl. Fthenakis 2009, S. 148).

Des Weiteren sollte bei der Planung des Projektes, eine flexible Festlegung von Aktionen und Angeboten vorgenommen werden, damit die Kinder während der Durchführung des Projektes spontane Änderungen, neue Gestaltungen oder auftauchende Fragen stellen können. Die Beschaffung von benötigten Materialien erfolgt durch die Fachkraft im Voraus, ebenso wie die Planung von Ausweichmöglichkeiten, sollte das Wetter, der Rahmen als solcher nicht mitspielen oder die Kinder nicht mitwirken (Vgl. Fthenakis 2009, S. 150).

Nach der abgeschlossenen Planung erfolgt zu gegebener Zeit der Einstieg in das Projekt und die Durchführung beginnt mit einer Bestandsaufnahme mit den Kindern. Erfahrungen, bereits vorhandenes Wissen oder Fragen können ausgetauscht werden und wenn nicht anders vorgesehen zunächst einmal durch verschiedene Angebote untereinander durch Zeichnungen, passende Spiele oder ähnliches erfolgen. Der entstehende Wissensstand der Kinder kann für die Fachkraft von Bedeutung sein und weitere Planungen positiv beeinflussen (vgl. Fthenakis 2009, S. 150).

Da unterschiedliche Projekte und Anwendungsbeispiele, auch unterschiedliche Prozesse und Lernwege sowie Ziele erzeugen, wird auf eine allgemeine Aufzeichnung der Durchführung und Erhebung verzichtet und detaillierte Angebote im folgenden Unterkapitel durchleuchtet, eine generelle Schrittanleitung zur Projektplanung und –Durchführung in Stichpunkten kann wie folgt aussehen:

**1 Gemeinsame Themenfindung**

- Partizipation der Kinder: Interessen und Fragen von Kindern aufgreifen und gemeinsam herausfinden
- Rahmenbedingungen berücksichtigen: Schwerpunkte der Einrichtung und Ressourcen der Gemeinde mit einbeziehen
- Eignung des Themas

**2 Planung und Vorbereitung des Projekts**

- Organisation durch Fachkräfte: Zeitplan, Anschaffungen, Exkursionen, Einbezug und Informationen der Eltern planen
- Reflexion im Team: Bildungsplan und -ziel berücksichtigen und ansprechen, Lernpotenziale erarbeiten

- Gemeinsame Planung mit den Kindern: erste Fragestellungen und Aktivitäten gemeinsam vorbereiten, flexibel sein

3 **Einstieg in das Projekt**

- Bestandsaufnahme: Was wissen die Kinder bereits? Welche Erfahrungen haben sie damit gemacht?
- Verschiedene Sichtweisen sammeln: Wie denken sie über das Thema?
- Konkretisierung von Fragen: Was möchten die Kinder neues lernen?

4 **Hauptphase des Projekts**

- Informationen sammeln: Gemeinsam planen, was Kinder noch über das Thema erfahren möchten
- Unterschiedlicher Einbezug von weiteren Inhaltsbereichen
- Reflexionsphase: Was wurde bisher herausgefunden, erarbeitet

5 **Abschluss des Projekts**

- Präsentation der Ergebnisse: Kinder präsentieren ihre Ergebnisse durch unterschiedliche Möglichkeiten
- Dokumentation: Verlauf des Projektes dokumentieren ggf. durch Fachkraft
- Abschließende Reflexion des erlebten während der Durchführung

(vgl. Fthenakis 2009 – Schritte der Projektplanung und –durchführung)

## 6.2 Anwendungsbeispiele

Das oben beschriebene Projekt und die Methode der genauen Herausarbeitung des geleisteten über einen längeren Zeitraum ist eine pädagogisch wertvolle Anwendung zu unterschiedlichen Bildungsbereichen und ein Stück weit eine Lernstandserhebung der Kinder, für den alltäglichen Bedarf innerhalb der Gruppe allerdings zu aufwändig. Daher werden im Folgenden verschiedene Beispiele aufgezeigt, die sowohl den Aspekt der mathematischen Bildung, als auch die Verbindung zu der Grundidee Friedrich Fröbels, berücksichtigen.

Gezielte Begleitungen der Kinder während der Lernprozesse durch einfachste Materialien, stellen bereits eine optimale Situation dar und sind äußerst wertvoll für die weitere Entwicklung des einzelnen Kindes und den späteren Verlauf und Bezug zur Mathematik.

Ein erstes Beispiel und sicherlich die mitunter einfachste Anwendung ist das spielen mit unterschiedlichen Bauklötzen. Die Bauklötze stellen geometrische Grundformen dar und bieten sich optimal an. Zunächst einmal sollte der Pädagoge die Nutzung der Formen des

Kindes beobachten und sich innerlich z.B. folgende Fragen notieren, um eventuell Impulse zu setzen.

Werden die Körper zum Bauen genutzt? Ordnet das Kind die Bauklötze? Wenn ja, wonach? Welchen Begriff nutzt das Kind für die unterschiedlichen geometrischen Formen? Experimentiert das Kind mit den Körpern?

Diese Abbildung wurde aus Copyright-Gründen für den Druck entfernt.

Abb.6: Sortieren

Nach einer gewissen Zeit sollten einige Erkenntnisse gesammelt worden sein und direkte Anregungen der Fachkraft können durch Bauaufträge erfolgen. Unter anderem, ein Schloss, nur mit blauen Bauklötzen zu errichten oder ausschließlich mit runden Bauteilen. Die Kinder können im Anschluss daran die unterschiedlichen Bauwerke benennen und einzelne Abschnitte beschreiben (vgl. Royar 2010, S. 62).

Eine weitere Möglichkeit einen Lernprozess zu gestalten, ergibt sich aus der Möglichkeit eine große Menge an Bauklötzen aufzureihen und nach Form oder Farbe zu sortieren, wie in Abbildung 6 zu sehen ist.

Um gleichzeitig die Motorik zu schulen und ein Verständnis für Raum und Form entwickeln zu können, kann der Pädagoge unterschiedliche Bauklötze in ein Säckchen geben und die Kinder ertasten mit verbundenen Augen, einzelne geometrischen Formen und nennen ein ähnliches Bauwerk, dass sie schon einmal selbst gesehen haben (vgl. Royar 2010, S. 63f.).

Ein weiteres einfaches Anwendungsbeispiel ist das legen von Mustern durch verschiedene Plättchen, Stäbchen oder farbige Formen. Alles was dafür benötigt wird sind die genannten Plättchen, der Gruppenraum als Unterlage oder eventuell ein Blatt Papier.

Die hier geförderten mathematischen Inhaltsbereiche sind ebenso vielfältig wie die möglichen Muster die entstehen. So werden Raum und Form, Zahlen und Muster sowie gleiches Material in großer Menge beansprucht und geschult. Ebenso entwickelt werden verschiedene Prozessziele und Handlungsweisen der Kinder durch die Förderung feinmotorischer Kompetenzen, Sprachkompetenzen und das Darstellen von Lösungen.

Das Gestalten, Erkennen und Legen von Mustern und Strukturen steht ebenfalls im Vordergrund. Um den Kindern den Einstieg zu ermöglichen können Fragen und Impulse genutzt werden z.B. Welche Muster kannst du schon legen? Lege dein Lieblingstier oder lass deinen Gedanken freien Lauf und lege ohne bestimmte Vorgaben wie z.B. in Abbildung 7.

Abb.7: Muster

Im abschließenden Schritt können die Kinder ihre gelegten Muster und Formen den anderen Kindern vorstellen und diese gegenseitig erkunden, je nach Altersgruppe auswerten (vgl. Lee 2014, S. 104).

Generell ist jede Form der mathematischen Bildung im Elementarbereich von Vorteil für den späteren Verlauf der Schullaufbahn eines jeden Kindes, im Besonderen im Bereich des Rechnens. Wichtig ist, den Kindern die Angst vor dem Fach und dem Umgang mit Zahlen und Formen zu nehmen und sie spielerisch heranzuführen um den weiteren „Gebrauch“ zu normalisieren.

# 7 Fazit

Das Themenfeld und der Umgang der Mathematik, im kompletten Verlauf eines Lebens, wird niemals richtig abreißen und einen ständig umgeben. Unabhängig davon ob lediglich beim Abzählen des richtigen Betrages an der Kasse des Supermarktes oder im beruflichen Alltag, bei der Kalkulation von Mengen. Dass es aufgrund dieser Tatsache wichtig ist, möglichst früh einen Draht zu mathematischen Inhaltsbereichen zu gewinnen, belegt auch die Studie der Stiftung Rechnen aus dem Jahr 2009, bei der jedes dritte Kind der fünften Klassenstufe angab vor Mathematik Klausuren regelrecht Bauchschmerzen zu bekommen. Die Angst vor den Zahlen und der Benotung der Leistung im Kernfach Mathematik ist meiner Meinung nach häufiger verbreitet als bisher angenommen.

Ich persönlich hatte keine Angst davor, auch wenn ich nicht mit herausragenden Noten geglänzt habe, so blieb mir die Angst fern und viel mehr stellte sich eine Ansicht heraus, bei der es mir nicht um korrekt errechnete Funktionen und Integralrechnungen ging, sondern darum, dass ich es als überaus wichtig empfand und immer noch empfinde, einfache Kopfrechenaufgaben schnell ausführen zu können, um so im späteren Verlauf meines Lebens z.B. keine Minuten benötige um an der Kasse des Supermarktes den exakten Betrag zu ermitteln.

An meine Kindergartenzeit kann ich mich nur schwammig erinnern, was ich weiß, ist, dass mir und den anderen Kindern der Umgang mit Mathematik und den genannten Formen und Zahlen durch bekanntes Material beigebracht wurde. Die Legeplättchen, die Holzwürfel und Quader waren Bestandteil meiner Kindheit innerhalb der Gruppe des Kindergartens, aber auch Prickelfiguren und Koselieder bestimmten den Alltag. Friedrich Fröbel hat viel für den Begriff der Pädagogik gekämpft und vor allem massiv dazu beigetragen, dass mehrere Generationen den ersten Bezug zur Mathematik erlangen konnten um auch heute noch davon zu profitieren. Unabhängig davon ob und in welchem Umfang die damaligen Fachkräfte ähnliche Angebote, wie die hier beschriebenen, ausüben ließen.

Die weiterführende Schule knüpft, weitestgehend an den Punkten an und versucht auch weiterhin, in den ersten zwei Jahren den Kindern die Mathematik spielerisch näher zu bringen. Bis zu einem bestimmten Grad gelingen die angestrebten Ziele, doch meiner Meinung nach bricht vieles mit dem Bewertungssystem ein und die Kinder, allen voran Mädchen, sind verunsichert und driften leicht in den bekannten Strudel aus Angst und Unwohlsein gegenüber der Mathematik ab. Dies gilt es zu verhindern und durch künftige Neuerungen sowohl im Elementarbereich, als auch im Bildungssystem in allen Sektoren den Spaß und den Umgang an und vor allem mit der Mathematik neu zu aktivieren.

Abschließend stirbt die Hoffnung zuletzt und Ihre und meine Aufgabe als pädagogische Fachkraft, Erwachsener oder Elternteil wird es sein, aktiv an zukünftigen Projekten und Angeboten zu arbeiten, die alle Facetten der mathematischen Bildung würdigen, um einen Pool an Möglichkeiten zu schaffen, der selbst das letzte unbeeindruckte Kind, immer im Vordergrund, das Spiel und die Freude, in den Bann der frühkindlichen Mathematik zieht.

# 8 Literaturverzeichnis


- Born, A. & Oehler, C. (2009): *Kinder mit Rechenschwäche erfolgreich fördern: ein Praxisbuch für Eltern, Lehrer und Therapeuten.* Stuttgart: W. Kohlhammer.

- Fthenakis, W. & Schmitt, A. (Hrsg.) (2009): *Natur-Wissen schaffen - Frühe mathematische Bildung.* Troisdorf: Bildungsverlag EINS.

- Fuchs, M. (2015): *Alle Kinder sind Matheforscher – Frühkindliche Begabungsförderung in heterogenen Gruppen.* Seelze: Kallmeyer in Verbindung mit Klett.

- Heiland, H. & Neumann, K. (2003): *Fröbels Pädagogik Verstehen Interpretieren Weiterführen – Internationale Ergebnisse zur neueren Fröbelforschung.* Würzburg: Königshausen & Neumann.

- Hellmich, F. & Köster, H. (Hrsg.) (2008): *Vorschulische Bildungsprozesse in Mathematik und Naturwissenschaften.* Kempten: AZ Druck und Datentechnik.

- Hoenisch, N. & Niggemeyer, E. (2007): *Mathekings – Junge Kinder fassen Mathematik an* (2.Aufl.). Kiliansroda: Verlag das Netz.

- Lee, K. (2010): *Kinder erfinden Mathematik – Gestaltendes Tätigsein mit gleichem Material in großer Menge.* Kiliansroda: Verlag das Netz.

- Lorenz, J. (2012): *Kinder begreifen Mathematik – Frühe mathematische Bildung und Förderung.* Stuttgart: W. Kohlhammer.

- Prange, K. (2009): *Schlüsselwerke der Pädagogik – Band 2: Von Fröbel bis Luhmann.* Stuttgart: W. Kohlhammer.

- Royar, T. & Streit, C. (2010): *MATHElino – Kinder begleiten auf mathematischen Entdeckungsreisen.* Seelze: Kallmeyer in Verbindung mit Klett.

- Berger, M. Das Kita-Handbuch: *Friedrich Fröbel - Sein Lebensweg und sein erzieherisches Wirken* https://www.kindergartenpaedagogik.de/131.html Zugegriffen: 20.Februar 2018.

- Ministerium für Familie, Kinder, Jugend, Kultur
und Sport des Landes Nordrhein-Westfalen (2016): *Bildungsgrundsätze für Kinder von 0 bis 10 Jahren in Kindertagesbetreuung und Schulen im Primarbereich* https://www.mkffi.nrw/sites/default/files/asset/document/bildungsgrundsaetze_januar_2016.pdf Zugegriffen: 22.Februar 2018.

- Stiftung Rechnen Pressemitteilungen (2009): *Mathe – Klausuren bereiten Schülern Bauchschmerzen* http://stiftungrechnen.de/presse/pressemitteilungen/archiv/2009/artikel/mathe-klausuren-bereiten-schuelern-bauchschmerzen/ Zugegriffen: 26.Februar 2018.

# 9 Abbildungsverzeichnis

CPSIA information can be obtained
at www.ICGtesting.com
Printed in the USA
BVHW07s0815221018
530873BV00001B/151/P

9 783668 750425